记住乡愁
——中国民俗文化

刘魁立 ◎ 主编

邵凤丽 ◎ 著

第七辑 民间礼俗辑
本辑主编 萧放

祭礼

黑龙江少年儿童出版社

编委会

主　　任　刘魁立

副主任　叶　涛　施爱东　李春园

编委会
叶　涛　刘魁立　刘伟波　刘晓峰　刘　托
孙冬宁　陈连山　李春园　张　勃　林继富
杨利慧　施爱东　萧　放　黄景春

丛书主编　刘魁立

本辑主编　萧　放

序

亲爱的小读者们，身为中国人，你们了解中华民族的民俗文化吗？如果有所了解的话，你们又了解多少呢？

或许，你们认为熟知那些过去的事情是大人们的事，我们小孩儿不容易弄懂，也没必要弄懂那些事情。

其实，传统民俗文化的内涵极为丰富，它既不神秘也不深奥，与每个人的关系十分密切，它随时随地围绕在我们身边，贯穿于整个人生的每一天。

中华民族有很多传统节日，每逢节日都有一些传统民俗文化活动，比如端午节吃粽子，听大人们讲屈原为国为民愤投汨罗江的故事；八月中秋望着圆圆的明月，遐想嫦娥奔月、吴刚伐桂的传说，等等。

我国是一个统一的多民族国家，有56个民族，每个民族都有丰富多彩的文化和风俗习惯，这些不同民族的民俗文化共同构筑了中国民俗文化。或许你们听说过藏族长篇史诗《格萨尔王传》

中格萨尔王的英雄气概、蒙古族智慧的化身——巴拉根仓的机智与诙谐、维吾尔族世界闻名的智者——阿凡提的睿智与幽默、壮族歌仙刘三姐的聪慧机敏与歌如泉涌……如果这些你们都有所了解，那就说明你们已经走进了中华民族传统民俗文化的王国。

你们也许看过京剧、木偶戏、皮影戏，看过踩高跷、耍龙灯，欣赏过威风锣鼓，这些都是我们中华民族为世界贡献的艺术珍品。你们或许也欣赏过中国古琴演奏，那是中华文化中的瑰宝。1977年9月5日美国发射的"旅行者1号"探测器上所载的向外太空传达人类声音的金光盘上面，就录制了我国古琴大师管平湖演奏的中国古琴名曲——《流水》。

北京天安门东西两侧设有太庙和社稷坛，那是旧时皇帝举行仪式祭祀祖先和祭祀谷神及土地的地方。另外，在北京城的南北东西四个方位建有天坛、地坛、日坛和月坛，这些地方曾经是皇帝率领百官祭拜天、地、日、月的神圣场所。这些仪式活动说明，我们中国人自古就认为自己是自然的组成部分，因而崇信自然、融入自然，与自然和谐相处。

如今民间仍保存的奉祀关公和妈祖的习俗，则体现了中国人崇尚仁义礼智信、进行自我道德教育的意愿，表达了祈望平安顺达和扶危救困的诉求。

小读者们，你们养过蚕宝宝吗？原产于中国的蚕，真称得上伟大的小生物。蚕宝宝的一生从芝麻粒儿大小的蚕卵算起，中间经历蚁蚕、蚕宝宝、结茧吐丝等过程，到破茧成蛾结束，总共四十余天，却能为我们贡献约一千米长的蚕丝。我国历史悠久的养蚕、丝绸织绣技术自西汉"丝绸之路"诞生那天起就成为东方文明的传播者和象征，为促进人类文明的发展做出了不可磨灭的贡献！

小读者们，你们到过烧造瓷器的窑口，见过工匠师傅们拉坯、上釉、烧窑吗？中国是瓷器的故乡，我们的陶瓷技艺同样为人类文明的发展做出了巨大贡献！中国的英文国名"China"，就是由英文"china"（瓷器）一词转义而来的。

中国的历法、二十四节气、珠算、中医知识体系，都是中华民族传统文化宝库中的珍品。

让我们深感骄傲的中国传统民俗文化博大精深、丰富多彩，课本中的内容是难以囊括的。每向这个领域多迈进一步，你们对历史的认知、对人生的感悟、对生活的热爱与奋斗就会更进一分。

作为中国人，无论你身在何处，那与生俱来的充满民族文化DNA的血液将伴随你的一生，乡音难改，乡情难忘，乡愁恒久。这是你的根，这是你的魂，这种民族文化的传统体现在你身上，是你身份的标识，也是我们作为中国人彼此认同的依据，它作为一种凝聚的力量，把我们整个中华民族大家庭紧紧地联系在一起。

《记住乡愁——留给孩子们的中国民俗文化》丛书，为小读者们全面介绍了传统民俗文化的丰富内容：包括民间史诗传说故事、传统民间节日、民间信仰、礼仪习俗、民间游戏、中国古代建筑技艺、民间手工艺……

各辑的主编、各册的作者，都是相关领域的专家。他们以适合儿童的文笔，选配大量图片，简约精当地介绍每一个专题，希望小读者们读来兴趣盎然、收获颇丰。

在你们阅读的过程中，也许你们的长辈会向你们说起他们曾经的往事，讲讲他们的"乡愁"。那时，你们也许会觉得生活充满了意趣。希望这套丛书能使你们更加珍爱中国的传统民俗文化，让你们为生为中国人而自豪，长大后为中华民族的伟大复兴做出自己的贡献！

亲爱的小读者们，祝你们健康快乐！

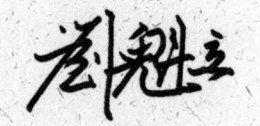

二〇一七年十二月

目 录

祭礼的历史传承……1

祭礼规矩大……13

祭礼时空的穿越……33

祭礼犹存,乡愁可系……55

祭礼的历史传承

祭礼

祭礼的历史传承

曾国藩说，治家有八诀——书、蔬、鱼、猪、早、扫、考、宝。其中，"考"指祭祀祖先。中国人讲究"慎终追远，民德归厚"。一个"考"字，体现着中国人对传统礼仪文化的继承和发扬，也是古代礼仪制度在日常生活中的生动呈现。每逢春节、清明、中元、寒衣、冬至等节日，人们都要在神圣的氛围中虔诚地给祖先奉献酒食、鲜花，追忆过往，感恩祖先，也规训自己的内心与言行。

高氏祠堂
邵凤丽 摄

在中国悠长的历史中，祭祖是一个极为重要且富有浓郁民族特色的文化符号。在祭礼的生命历程中，它自先秦时期开始兴起，后饱经汉唐宋明历代王朝变迁，直至当代仍生机勃勃。从古至今，无论官僚贵族，还是寻常百姓之家，祭礼早已内化为中国人生命中不可或缺的仪式传统。

中国人祭祖与西方人信仰宗教不同，它不仅是仪式，更是礼。中国人在祭祖过程中融入了自己对祖先的崇

| 山西闻喜裴氏宗祠 |
邵凤丽 摄

| 赖氏宗祠匾额 |
邵凤丽 摄

拜、感恩、怀念等多种复杂的情感，也通过跪拜、进献，确认自己的孝子孝孙身份，开始承担起一份延续家族、文化的历史责任。对于一个中国人来说，祖先既是家的来源，亦是家的归属。"清明时节雨纷纷，路上行人欲断魂"，祭礼是对祖先的祭祀，也是对个人生活价值的探求，是祖先让我们把过去、未来，个人、家庭联系起来，品味生活的酸甜，追寻生命的意义。

先秦：祭礼传统的开创

中国人祭祖的历史十分悠久。早在史前时期，人们尚未发明祭礼，但在他们懵懂的意识中已经产生了"灵魂不灭"的观念。最初的时候，人们对梦和死亡现象非常困惑，不明白为什么会有如此奇怪的事情。后来，经过漫长时间的探索，人们试图给予合理的解释——灵魂。人们发明了灵魂的概念，并赋予其神秘的力量。那么应如何对待这些神秘且不死的灵魂呢？人们的选择是举行祭祀。

到目前为止，可以追溯的最早的祭祀行为是甲骨文中有关祖先祭祀的文字记

| 进献祭品 |
邵凤丽 摄

载，如"报""又""岁"等。这些祭祀性文字表明祭祀是商王朝为了禳祓避祸、祈福求吉而举行的。在殷人的意识中，祖先是令人恐惧的死者，这些人经常制造各种灾祸，给生者带来伤害。于是，他们需要定期举行祭祀活动，通过奉献牺牲的方式取悦祖先，祈求祝福。正如胡适所说："看殷墟出土的遗物与文字，可以明白殷人的文化是一种宗教的文化。这个宗教根本上是一种祖先教。祖先的祭祀在他们的宗教里占一个很重要的地位。"虽然通过甲骨文文字还无法了解当时祭祀的具体情况，但至少得知殷人已经开始祭祀他们的祖先了，并将祖先视为可以祈福求助的神灵。这和《说文解字》对祭的解释相吻合，"祭，祭祀也。从示，以手持肉。"祭字本

| 进献祭品 |
邵凤丽　摄

祭礼

|尚氏祭祖|
尚世阳 摄

意就是用手持肉，献给神灵，沟通神人关系。

如果说殷商时期的祭祖行为具有浓重的祖先崇拜的宗教信仰色彩，那么，到了周代，祭祖礼仪更增加了稳固国家统治和社会稳定的政治含义。从社会结构上看，周代是典型的宗法社会。周王自称天子，是"大宗"，同姓诸侯尊其为大宗子。这种宗法关系直接体现在宗庙设置上。《礼记·王制》记载："天子七庙，三昭三穆，与太祖之庙而七。诸侯五庙，二昭二穆，与太祖之庙而五。大夫三庙，一昭一穆，与太祖之庙而三。士一庙。庶人祭于寝。"周天子可以建七庙，诸侯建五庙，大夫只能建三庙，最低等级的士只能建一庙，这些人都是当时的权贵阶层，可以建庙祭祀祖先，至于普通人根本不能建庙祭祖，他们只得在自己的家里祭祀祖先。这样，通过国家礼制严格限定不同身份群体的庙数差异，体现了他们的社会等级差异。在历史长河中，周代创制的宗庙体制没有被后世延续，但祭祖的文化传统却经久不衰，成为后世维系家族人伦关系、巩固国家统治的重要凭据。

汉代：孝道伦理的植入与祭礼传统的定型

礼有仪有义，"仪"是外在表现形式，"义"是内在价值意蕴，两者相互依存，不可分割。祭祖礼仪的内在价值是孝道。从历史发展看，孝道思想与祭祖礼仪很早就发生了联系，最终将孝道观念和祭祖礼仪完美结合起来的是汉代诸儒。汉儒对中国祭祖礼仪发展的历史贡献是重大的，他们找到了中国人重祭的本源——孝，并进行了深度的理论阐发和身体实践，使祭礼最终获得了自己的灵魂支撑。

自"罢黜百家，独尊儒术"之后，孝作为儒家主要的思想观念，成为汉王朝建国的重要思想根基，"导民以孝，则天下顺"。

汉朝"以孝治天下"，通过优待孝子、不孝之罪入刑律、举孝廉、以孝为谥、

| 赖氏宗祠 |
邵凤丽 摄

诵读《孝经》等方式，将孝文化提升到稳固国家政治统治的高度。汉代统治者还将孝道思想作为一种普世性价值，着力推广到政治、经济、法律、教育等社会各个层面，逐渐形成了汉代以家族伦理为核心，逐步向社会伦理和政治伦理扩展的孝文化系统。按照孔子的思想，在家庭伦理层面，孝首先是"养"，即赡养父母，关心父母的身体健康，这是最起码、最基本的孝。在养的基础上，父母殁则葬，葬后祭之，"生，事之以礼；死，葬之以礼，祭之以礼"，只有养、丧、祭三方面都做到了孝，才是真正的"善事父母者"。汉儒继承了孔子重孝的思想，并通过《孝经》《仪礼》《礼记》等礼仪著述大力倡导将养、丧、祭作为展现孝行的重要方式。

重孝是汉代社会重要的伦理文化取向。在汉代皇帝中，东汉明帝刘庄尤重孝道，他开创的上陵礼，直接影响了东汉民间墓祭的兴盛。刘秀中元二年（公元57年）三月葬在原陵，次年春正月，刘庄率领公卿百官前往祭祀。此后，上陵之礼形成定制，直到东汉灵帝时仍是如此。蔡邕

| 涌泉跃鲤 |
邵凤丽 摄

记住乡愁——留给孩子们的中国民俗文化

|叶氏祭祖中童声诵读家训|
邵凤丽 摄

|叶氏宗祠东侧门|
邵凤丽 摄

在建宁五年（公元172年）正月以司徒掾的身份随灵帝祭原陵。在蔡邕看来，明帝本意是彰显"天下事亡如事存之义"，以使天下人皆效法。王充在《论衡·四讳》中也说："古礼庙祭，今俗墓祀。"事实上，受皇室上陵礼的影响，东汉民间墓祭非常盛行。从形式上看，皇室墓祭与民间墓祭有很多不同的地方，实际上祭礼所承载的文化内涵始终如一，即表达子孙对祖先的孝。

宋代：祭礼的世俗化

中国祭祖礼仪发展过程中的一件大事是宋代朱熹《家礼》的出现，它深刻地改变了中国祭祖礼仪发展的历史轨迹和形态面貌。《家礼》是一代通儒朱熹编写的冠、婚、丧、祭四礼指南。其中，朱熹尤重祭礼。朱熹认为"盖人之生，无不本乎祖者,故报本返始之心,凡有血气者之所不能无也","报本返始"是做人的基本要求。同时,祭礼问题不限于礼仪本身,也关系着家族形态、社会文化发展和国家基层管理等一系列重要问题,于是他在前人理论基础上,将这个问题继续推进,并且付诸文字,形成了可以被直接运用于生活的祭礼模式。

明代大儒丘濬认为《家礼》一书是"万世人家通行之典"。《家礼》祭礼模式对社会各个阶层都产生了重大影响。甚至《家礼》还被明清两代礼典所吸纳,成为制定国家礼制的重要参考文本。从明代第一部重要礼典《大明集礼》开始,《家礼》中的祭礼内容首次被国家礼典引用,《明会典》等多部礼典继续沿用《家礼》中的祭礼内容。到了明成祖永乐十二年《性理大全》编写时,直接将《家礼》列入其中,与周敦颐《太极图说》《通书》、张载《西铭》《正蒙》、邵雍《皇极经世书》、朱熹《易学启蒙》等并列。

杨志刚在《中国礼仪制度研究》一书中说:"自《明

| 主祭上香 |
邵凤丽 摄

集礼》肯定《家礼》的地位，又特别是《性理大全》收录《家礼》，《家礼》遂被官方礼制所吸纳，其性质也由私人编撰的著作，变成为官方认可、体现官方意志的礼典。有明一代，城乡读书人都把《家礼》奉为金科玉律。"

|宣读祭文|
尚世阳　摄

祭礼规矩大

祭礼

祭礼规矩大

祭祖可以隆孝、敬宗、收族，自然是家族关注的头等大事。在古代，无论是达官显贵之家，还是日常百姓之家，每逢春节、清明节、中元节等节日都要举行庄严、神圣的祭礼。

形态各异的祭礼

《红楼梦》中的贾家是大家族，宗祠建得气派，除夕祭祖也分外隆重。祭祖之前的准备工作很复杂，必须在腊月二十九这一天，做到万事俱备，"两府中都换了门神、联对、挂牌，新油了桃符，焕然一新。宁国府从大门、仪门、大厅、暖阁、内厅、内三门、内仪门并内塞门，直到正堂，一路正门大开，两边阶下一色朱红大高烛，点的两条金龙一般。"不同于普通人家用红纸写春联糊大门，贾府的桃符多是皇亲国戚才用的木制雕刻，匾额对联也都是皇帝御笔亲

| 清明祭祖 |
邵凤丽 摄

赐，平时挂了一年，岁末得重新油一遍，方焕然一新。

在贾府，过年最大的礼仪是祭祖，年三十、年初一都得祭拜。当年荣宁二公，宁公居长，所以宗祠在宁国府。到年三十大清早，贾母率族中有诰封者，按品级着朝服，八抬大轿一字长龙，进宫朝贺，行礼领宴。回来便直接进宁国府贾氏宗祠祭祖。此时家族中所有人都在场，"分昭穆排班立定：贾敬主祭，贾赦陪祭，贾珍献爵，贾琏贾琮献帛，宝玉捧香，贾菖贾菱展拜毯，守焚池。青衣乐奏，三献爵，拜兴毕，焚帛奠酒，礼毕，乐止，退出。众人围随着贾母至正堂上，影前锦幔高挂，彩屏张护，香烛辉煌。上面正居中悬着宁荣二祖遗像，皆是披蟒腰玉；两边还有几轴列祖遗影。贾荇贾芷等从内仪门挨次列站，直到正堂廊下。槛外方是贾敬贾赦，槛内是各女眷。众家人小厮皆在仪门之外。每一道菜至，传至仪门，贾荇贾芷等便接了，按次传至阶上贾敬手中。贾蓉系长房长孙，独他随女眷在槛内。每贾敬捧菜至，传于贾蓉，贾蓉便传于他妻子，又传于凤姐尤氏诸人，直传至供桌前，方传于王夫人。王夫人传于贾母，贾母方捧

| 祭品准备 |
尚世阳 摄

放在桌上。邢夫人在供桌之西，东向立，同贾母供放。直至将菜饭汤点酒茶传完，贾蓉方退出下阶，归入贾芹阶位之首。凡从文旁之名者，贾敬为首，下则从玉者，贾珍为首，再下从草头者，贾蓉为首，左昭右穆，男东女西，俟贾母拈香下拜，众人方一齐跪下，将五间大厅，三间抱厦，内外廊檐，阶上阶下两丹墀内，花团锦簇，塞的无一隙空地。鸦雀无闻，只听铿锵叮当，金铃玉珮微微摇曳之声，并起跪靴履飒沓之响。"

普通家族虽没有贾府那样的排场，祭祖仪式也很隆重。南怀瑾少时生活在浙江乐清南宅村，南氏家族是当地的望族，岁时祭礼非常讲究。他回忆少时参加祭祖：我个人很小就代表出来祭祖，那个场面真把人吓死了！那个时候才十二三岁，穿着长袍马褂，好多人，好痛苦呀！一个台子又一个台子，再走两三步，中间又一

| 净手 |
尚氏阳 摄

| 三位祭主 |
邵凤丽 摄

个台子，再走两三步路边又一个台子。上边都摆着祭品，人山人海站得很多。详细的情形时间久了，有些细节也记不清了。不过，就是现在祭孔，也没有真正懂得的。那个主祭者很难当，一边四个人，现在叫司仪，过去叫赞礼，共八个。开始时不是喊典礼开始、主席就位，而是喊主事者各执其事，主祭者就位，像唱歌一样，拉着嗓子。我还记得第一次上台，听赞礼的一叫，我头都晕了！像上了法场一样，步子都不敢走错。穿着长袍，一步一步走，然后跪在地上，而且还要用手把长袍拦一下，接着赞礼叫上香。人家把香交给我，我就拜揖；再喊跪，我就跪下；喊拜，就要叩头，三跪九叩，这是初

| 南氏宗祠 |
　　邵凤丽 摄

祭。然后再献这样，献那样，就位以前还要盥洗。旁边一个盆子盛了水，要擦手擦脸，像伊斯兰教一样，现在还保持这一种规矩。每一个宗教都保持上古人类的礼貌，但是我感到中华民族保持了全部，因为我参与过这种事。然后一阵子搞下来，汗流浃背，又紧张、又惶恐，生怕做错了被人家笑。礼献的时候先是初献，然后是正献，第一步一定要从右边出来，先站到右前方，再走到中间。

如若没有宗祠，岁时祭祖也是不能少的。鲁迅在《祝福》中讲述了他在老家过年祭祖的事儿：家中却一律忙，都在准备着"祝福"。这是鲁镇年终的大典，致敬尽礼，迎接福神，拜求来年一年中的好运气的。杀鸡，宰鹅，买猪肉，用心细细的洗，女人的臂膊都在水里浸得通红，有的还戴着绞丝银镯子。煮熟之后，横七竖八地插些筷子在这类东西上，可就称为"福礼"了，五更天陈列起来，并且点上香烛，恭请福神们来享用，拜的却只限于男人，拜完自然仍然是放爆竹。年年如此，家家如此——只要买得起福礼和爆竹之类的——今年自然也如此。

四叔家里最重大的事件是祭祀，祥林嫂先前最忙的时候也就是祭祀，这回她却清闲了。桌子放在堂中央，系上桌帏，她还记得照旧的去分配酒杯和筷子。

"祥林嫂，你放着罢！我来摆。"四婶慌忙的说。

她讪讪的缩了手，又去

取烛台。

"祥林嫂,你放着罢!我来拿。"四婶又慌忙的说。

她转了几个圆圈,终于没有事情做,只得疑惑的走开。她在这一天可做的事是不过坐在灶下烧火。

祭礼的那些规矩

对中国人来说,祭祖是缅怀祖先、回忆历史、重温亲情的最佳时刻。在岁时循环中,祭礼带我们一次次回到祖先的面前,共享家的温馨。虽然不同地域、不同时间,祭祖的礼仪繁简不同,但都遵循一个基本的模式,即朱熹创制的《家礼》模式。清代茗洲吴氏家族"立祠堂一所,以奉先世神主。出入必告,至正朔望必参,俗节必荐时物,四时祭祀,其仪式并遵文公《家礼》"。下面就让我们来看一看,在朱熹的眼中,一次合格的祭礼是什么样的。

凡是重要的事情,进行之前都要认真准备,祭祖也是一样。古人在每次祭礼之前都要通过占卜的方法确定具体日期,叫作"前旬卜日"。

具体做法是:孟春下旬,在二月份的上中下三旬中各选一天。主人率领大家到祠堂进行占卜。主人把"珓"掷于盘中。如果是一俯一仰,

| 祭品 |
邵凤丽 摄

祭礼

就是卜得了吉日。如果不是，必须再次占卜。第二次占卜若不吉，直接选用下旬的日子。占卜成功后，由祝打开祠堂中门，主人带领大家在祠堂前依次站好，把刚刚占卜得来的好日子告诉祖先，并且向祖先跪拜行礼。然后祝把门关上，卜日仪式就完成了。

日子定下来以后，人们就开始考虑今年祭礼都要准备些什么。到了祭祀前三天，全体参加祭祀的人都要斋戒，

| 叶氏祖先像 |
邵凤丽 摄

| 击鼓 |
邵凤丽 摄

| 祭祀前的准备 |
邵凤丽 摄

| 三叩首 | 邵凤丽 摄

不能喝酒喝得酩酊大醉，也不能吃荤。同时，不能参加别人家的丧礼，也不能听丧乐，凡是不吉利的事情，都不能参与。斋戒的目的是让参加祭祀的人身心清洁，虔诚地祭祀祖先。

到了祭礼前一天，主人有很多工作要做。他要率人准备祭祀时使用的各种器物，主要包括香案、香炉、酒架等。同时，主妇率人准备相应的祭品，水果、蔬菜、脯醢、肉、鱼、馒头、糕、羹、饭、肝、肉等。

所有物品准备好之后，接下来主人"省牲"，察看祭祀所需要的牺牲的准备情况。古代祭祀分很多种，根据主人的身份高低不同，祭祀用的牺牲也不同。身份高的人家用猪、牛、羊三牲，身份稍微低一些的人家可以用猪和羊，再低一些的人家

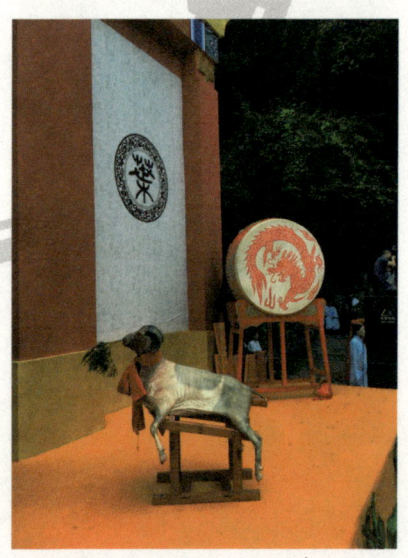

| 祭祀前的准备 | 邵凤丽 摄

| 作为祭品的羊 | 邵凤丽 摄

祭礼

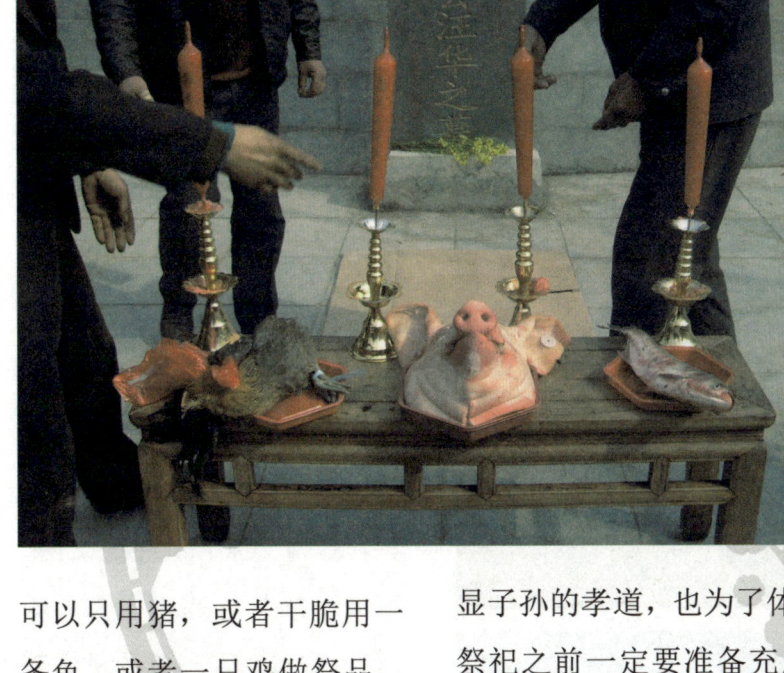

祭品
邵凤丽 摄

可以只用猪，或者干脆用一条鱼，或者一只鸡做祭品。《论语》中有一则故事：子贡要把鲁国每月初一告祭祖庙的那只活羊去而不用，孔子知道后非常生气，当面谴责子贡说，你可惜的是那只羊，我更可惜祭祖之礼。在孔子看来，祭礼中的牺牲是必不可少的。

除了牺牲之外，为了彰显子孙的孝道，也为了体面，祭祀之前一定要准备充足的祭品，多寡虽没有统一标准，但人们都希望给祖先最好的。宋代王洋在《近冬至祭肉未给因叙其事》中写到他以往冬至祭祖一般会依从礼俗用三牲，即牛、羊、猪来献祭。今年冬至日无肉可祭，他早起与夫人商量，决定典当衣服剪发髻以换取祭祀食

23

物，但所换得的肘子也只能将器皿勉强装满。夫人犹豫不决，她认为祭祀贵在诚心，若拜祭时不诚心，祭物再丰盛也是没用的。王洋曾是宋朝官员，晚年罢官过着隐居生活，没有钱没有田，冬至祭祖虽依礼举行，但祭品少得可怜。

明代万历年间，古徽州程氏家族规定每年清明祭祖时要准备祭猪一口，祭羊一羫，席面一张（油煎塘鱼，熟鸡一只，租秤十二两，猪肉、炒骨、腊肉，都要丰洁）塘鱼六尾，大枝员堆糖共五碟，拖禄五碟，笋蕨水菜五碟。

到了中元、冬至祭祖时，所需备办的祭品种类和数量较之清明都要增加。需要准备祭猪二口（共计一百二十斤），祭羊一羫，塘鱼，拖禄一桌面食，水酒十瓶，糖尖，好腊酒二十五瓶，大椒、

|祭品|
邵凤丽 摄

|祭祀用的猪|
邵凤丽 摄

祭礼

花椒，大料并红曲、闽笋、木耳，羹饭米，时菜葱等。

祭礼当中要准备丰盛的祭品，但在日常民俗生活中，徽州饮食习俗尚俭。徽州当地有一则笑话：一个徽州人外出做生意，带了一个咸鸭蛋在路上佐餐，每餐只用筷子蘸上一点咸鸭蛋舔舔滋味。有一天，他正在吃饭，忽然刮起了旋风，差不多只剩一个空壳的咸鸭蛋被吹到河里去了，这个徽州人便聊以自慰地叹息说"风吹鸭蛋壳，财去人安乐。"虽然这只是一个笑话，其中含有夸张成分，但从中可略窥徽州人饮食节俭的特点。清末徽州学者许承尧讲述徽州人日常饮食时说："家居务为俭约，大富之家，日食不过一脔，贫者盂饭盘蔬而已。城市日鬻仅数猪，乡村尤俭。羊惟大祭用之，鸡非祀先、款客罕用食者，鹅鸭则无烹之者矣。"与节俭的生活习俗相比较，徽州人祭祖时准备的祭品异常丰盛。

这一天，主妇的主要工

| 现场准备 | 邵凤丽 摄

| 祭祖现场 | 尚世阳 摄

25

作是"涤器"，把祭礼中要用到的大大小小所有器物都清洗干净，并且一定要保证这些物品在祭礼之前一尘不染，否则会被认为是对祖先不敬。

祭礼当天清晨，要再次进行物品准备。首先将相应祭品摆放整齐。祭品摆放完毕后，主人、主妇到祠堂请祖先神主就位。这时，男女族人按照顺序站好，主人焚香祭祀，然后将神主请出来。

仪式的第一个程序是行参神礼。人们按先后顺序站立后，在主人的带领下，向祖先行拜礼。然后主人焚香、献酒"降神"。当祖先神灵"来到"后，主人、主妇等子孙们要向祖先奉上丰盛的祭品，"进馔"。这样，通过参神、降神环节，使得祖先来到祭祀现场，再经过进馔环节将食物奉献给祖先，这为下一步祭祖仪式的核心

| 献酒 |
邵凤丽 摄

| 上香 |
邵凤丽 摄

祭礼

部分——三献礼做好了最后的准备。

按照《家礼》规定,祭礼之前要恭请神主就位,但有些家族习惯不同,如安徽范氏家族举行祭祖礼仪不请神主,不用神主作为祖先的象征,而是用"红条纸"象征祖先,"庭中堂中各应祭神位,先用淡红条纸,照祝文写,贴椅子靠背上,祭毕焚之,不敢移动木主"。范氏祭祖以"红条纸"代替神主,作为祖先的象征。虽然从形式上看,"红条纸"区别于神主,但是在祭礼中代替祖先,接受后人祭拜的祭祀功能是一致的。

清乾隆年间福建漳州何氏祭祖时,在参神之前要"读戒词",戒词曰:祭祖奉先,必须诚敬,内积专一,外著静正,神其来享,汝则有庆。倘有心存什虑,拜跪倾倚,私相耳语,行列参差,神则

| 三献礼 |
邵凤丽 摄

| 初献礼 |
邵凤丽 摄

汝弃,汝福以替,戒哉勿忘,祖宗临汝。这些戒词告诫所有参加祭祀的人,一定要内心虔敬,不能有丝毫懈怠。

三献礼是祭祖仪式的核心环节,也是高潮阶段。首先,主人郑重地向祖先进献,然后,由兄弟等人向祖先进献。进献之后,负责读祝的人恭读祝文。

在献礼中,每代各一祝文,四世共四个祝文,这样读祝文在整个祭祀仪式中占据了非常多的时间,后来人从便于操作的角度出发,将四次读祝改为一次,现在我们看到很多祭祖礼仪都是读一次祝文。

山西闻喜"中华宰相村"裴氏家族2016年三月三祭祖"朝祖文"内容:

时届吉辰,桃花映日,

| 朝祖文 |
　　邵凤丽　摄

春风和畅，

　　杨柳吐蕊，家族相聚，游子回归。

　　裴氏一门，同族举觞，把酒向天。

　　千年历祖，辈有树建。文臣安国，

　　武将戍边，铁血儿男，沙场勇冠。

　　朝野祥和。丰碑铸就，天下为安。

　　缅怀宗德，代代英贤，后裔垂范。

　　门风家训，德佩天年。孝道文化，

　　竭力当先。光宗耀祖，励勤克俭。

　　百世其昌，耕读并兼。欣逢盛世，

　　党政清廉，反腐惩恶，固本强源。

　　惠泽三农，桑梓畅欢。

奉献自我，

　　践行价值，夙志梦圆。今设薄馔，

　　祭奠祖前。列祖列宗，来格来餐。

　　伏维尚飨。

　　读祝之后，进入亚献环节。这一次由主妇，即主人的妻子进献。从环节角度看，亚献和初献的环节基本一致，但不读祝。亚献与初献的差异主要是进献的人不同，亚献由主妇向祖先进献炙肉。虽然宋代朱熹主张由主妇进行亚献，但是明清时期很少由主妇进行亚献，甚至不允许主妇参与祭祖礼仪。在明清社会生活中，受主流意识形态的影响，女性的活动空间被严格限制。在家庭生活中，女子必须服从"四德三从之训"，且男子有责任管教女性。曾氏家族称"按礼主人、主妇例应致祭,众子众妇从之,古之制也"。但是现实生活中困难重重,致使他们无法沿袭古礼。困难一是祭祀时人数众多,祠堂空间有限,没有地方留给女性。宗族分布"星罗棋布",人数众多,祭祀时"祠屋虽广""尤惧其跪立无地也"。二是远地祭祖,来回行路不便。在明清族谱中,像曾氏宗族一样较为详细地阐明女性不能参祭原因的极少,人们更倾向于直接将女性驱逐出祭祀现场。作为宗族共同体的标志性建筑,传统宗族中的祠堂是成年男性的世界,女性一般不准进入祠堂。

学者葛学溥在二十世纪初对中国广东凤凰村的调查发现,凤凰村共有三个宗祠,人们在里面举行祭祀活动。仪式上出场的是男性家长和宗族的男性后代。他们向祖先进献祭品,给祖先鞠躬,最后一起参加丰盛的宴会,还要平等地分享祭祀食品。整个仪式上没有女性的身影。

| 跪读朝祖文 |
邵凤丽 摄

亚献之后是终献环节。终献的环节安排与亚献相同，只是由兄弟中年长的人或长孙、亲宾献礼。

三献礼是将所有祭品依次奉献给了祖先，接下来主人、主妇开始劝食，希望祖先享用美食，古代称为"侑食"。侑食之后所有人跪拜，然后离开祠堂，给祖先留下时间享受美味的祭品。祖先享用美食之后，所有人再次进入，给祖先奉茶。

奉茶之后，主人作为家族的代表，接受祖先的赐福，古代称为"受胙"。胙，指的是胙肉，祭祀用的肉。这时要宣读嘏词。颁胙是祖先和子孙的一次互动，祖先通过带有福气的胙食，把自己对族人的爱和福佑传递出去，让子孙在食物的芳香中感受爱，接受福佑。

祖先赐福之后，祭祖仪式已经接近尾声，全体族人要辞神，送走祖先神。之后，主人将神主送回祠堂，完成祭祀仪式。这时，主妇要将祭酒和食物收藏起来。

祭祖仪式的最后一个环节是"馂食"环节，祭祖之后，大家一起饮酒、食肉，分享祖先赐福。

古代祭祖最后还有"散胙"环节，意思是将祭品分发给家里的奴仆。明清时期，一些家族散胙的主要对象是参加祭礼的十六岁以上的家族成员。按照家族规定，十岁以上就可以参加祭礼，但不到十六岁不能享受散胙的待遇。因为十六岁是成人的标志，才能获得作为正式成员的资格参加祭礼，接受散胙。十到十六岁属于未成年人，允许他们参加祭礼，是体恤祖先的慈爱之情，同时也有利于他们熟悉礼仪，但处于这个年龄段的人仅限于参与祭礼，并不能参与散胙。散胙是专门针对家族正式成员的赐福行为，也是他们家族身份的确认方式。

祭礼时空的穿越

祭礼时空的穿越

被我们称为祖先的人，通常已经离开我们很久了，却又经常会出现在我们的生活里。"乌啼鹊噪昏乔木，清明寒食谁家哭。风吹旷野纸钱飞，古墓垒垒春草绿。棠梨花映白杨树，尽是死生别离处。冥冥重泉哭不闻，萧萧暮雨人归去。"（白居易《寒食野望吟》）清明扫墓、春节"上祠堂""请家堂""送寒衣"……无论是在祠堂里，还是在墓地，一年当中，我们都要在一些特殊的时间里，去祭祀我们的祖先，因为我们是他们的子孙，我们的内心饱含感恩与怀念。

祭礼的地点：宗庙、祠堂与墓地

古代帝王祭祀祖先，是在宗庙中进行。宗庙即供奉祖先神主的屋舍。"王者之制，凡建居室，宗庙为先。庙必有主，主必在庙。"（《旧唐书·礼仪志六》）

宋人高承在《事物纪原·宫室居处·庙》中说《轩

裴晋公祠内五祖像

邵凤丽 摄

辕黄帝纪》记载：黄帝升天后，大臣们十分羡慕，取来他曾经使用过的几杖供奉在庙中，凡是他游玩过的地方，都要立祠祭祀，这就是庙的起源。高承的这种解释，有些"想当然耳"，并没有充分的证据。现在考古发掘的材料告诉我们，庙在原始社会后期就已经出现了。介于龙山文化和早商文化之间的河南偃师二里头遗址，有一处夯土台基。此台基略呈正方形，东西长约108米、南北宽约100米，总面积1万多平方米，此建筑群由堂、庑、门、庭等单体建筑组成，布局严谨、主次分明，是当时的宗庙建筑的遗存。

宗庙建筑一般要按照"左祖（宗庙）右社（社稷）"的规定建在王宫的前面。如今北京故宫前左边的劳动人民文化宫就是明清的太庙，

| 赖氏宗祠祖先神主 |
邵凤丽 摄

位于右前方的中山公园便是社稷坛。

宗庙是国家的象征，也是权力的象征。一旦黄袍加身，就会马上建宗立庙。相反，如果是农民起义、朝臣反叛，或是异族入侵，一有机会，就会毫不留情地捣毁仇敌的宗庙，剥夺他们祭祖的特权，不让他们获得祖先的庇佑。

在中国历史上，宗庙风波千古不断，其中，唐代武氏宗庙的盛衰兴废，颇具代表性。武则天原是唐太宗的"才人"，唐太宗死后一度入寺为尼，后被高宗复召入宫，封为"昭仪"。数年后，被立为皇后。唐高宗身体羸弱，长期不理朝政，由武后协助，天下大权慢慢地落入了武后手里。唐高宗病死，太子李显即位，就是唐中宗。这时武则天以太后的身份临

清永陵祭祖
邵凤丽 摄

朝称制。第二年，中宗被废，武则天的第四子李旦被立为皇帝，其实李旦也是傀儡皇帝。这时，武则天开始计划兴建武氏宗庙。公元688年，武则天在长安建立了武氏宗庙——崇先庙。她本想建成一庙七室的帝王家庙，但遭到众大臣的极力反对，没有实施。两年后，李旦被废，武则天称帝，改国号为周，定都神都，成为了中国历史上唯一的女皇。当了皇帝的武则天开始大张旗鼓地兴建武氏太庙，祭祀武氏七代神主，并将西京崇先庙改为崇尊庙，祭享规格和洛阳武氏太庙一样。同时，将李唐王朝的西京太庙改为享德庙，并废除了享盛之礼。

好景不长，公元705年，张柬之、李多祚等人发动政变，拥兵入宫，逼迫武则天传位给唐中宗，恢复李唐国号。之后，洛阳的武氏太庙被废，庙中的神主都被迁至西京崇尊庙。武则天被逼退位，西京的崇尊庙却得以保全，原因是武氏家族的武三思当时在朝中仍权势显赫，才保住了崇尊庙。唐睿宗称帝，此时武三思已死，武氏家族的政治势力一去不复返，他宣布废除西京崇尊庙，让武氏宗庙彻底寿终正寝。

在古代，祭礼还是社会等级身份的标志。宋代以前，皇帝以及达官显贵可以建庙祭祀祖先，普通人家不能建庙。到了宋代，朱熹提出普通人家也可以建庙祭祖，但是为了区分，他将祭祖的家庙称为"祠堂"。朱熹之前，北宋司马光曾经提出"影堂制度",在一个名为影堂的建筑里面祭祀祖先,但是朱熹不赞成以影堂命名祭祀场所。原因是,影堂之名源于其中供奉着祖影画像,对此,朱熹认为十分不合适,他说如果祭祀祖先同时使用影和祠版,两者都代表祖先,一个祖先,两个代表,会使祖先"精神涣散",因而二者不能共用。朱熹主张只用祠版,不用影。对于是否可以用影,宋代张载也指出用影的两个缺点是画像不真实和时间久远之后会被遗弃,这样做都是对祖先的不尊敬,有亵渎之嫌,他主张用神主。因而,用影祭祀受到人们多方面的批评,影堂名称的合理性也被否认。那么如何命名祭祖地点?朱熹提出以祠堂代替影堂作为祭祀场所,

区别于家庙。祠堂一词并非朱熹所在时期才出现。早在汉代就有祠堂,有的建造于祖先的墓所,有的用来纪念先贤,祈求福佑。杜甫《蜀相》中说:"丞相祠堂何处寻,锦官城外柏森森",诗中所述诸葛亮祠堂就是属于这种

| 翁氏祠堂祖先像 |
邵凤丽 摄

| 纪氏宗祠匾额 |
邵凤丽 摄

先贤祠堂。朱熹虽然继续沿用了祠堂一名，却赋予了新的内容与功能，祠堂特指作为专门祭祀祖先的场所。从功能上看，祠堂可以作为古代家庙的延续，具有祭祀功能，但由于使用群体不同，祠堂专为普通人而设，区别于皇族、官僚显贵的宗庙、家庙。

如果我们平时细心观察，就会发现，在现实生活中，祭祖的建筑有的称之为祠堂，有的依旧称之为家庙；有些人家祭祖时使用神主，有些人家依旧使用画像，就是这样的历史原因。

《红楼梦》中记载：且说宝琴是初次，一面细细留神打谅这宗祠，原来宁府西边另一个院子，黑油栅栏内五间大门，上悬一块匾，写着是"贾氏宗祠"四个字，旁书"衍圣公孔继宗书"。两旁有一副长联，写道是：肝脑涂地，兆姓赖保育之恩；功名贯天，百代仰蒸尝之盛。亦衍圣公所书。进入院中，白石甬路，两边皆是苍松翠柏。月台上设着青绿古铜鼎彝等器。抱厦前上面悬一九龙金匾，写道是："星辉辅弼"。乃先皇御笔。两边一副对联，写道是：勋业有光昭日月，功名无间及儿孙。亦是御笔。五间正殿前悬一闹龙填青匾，写道是："慎终追远。"旁边一副对联，写道是：已后儿孙承福德，至今黎庶念荣宁。俱是御笔。里边香烛辉煌，锦幛绣幕，虽列着神主，却看不真切。

作为徽州人，胡适对故乡随处可见的祠堂感情十分浓厚。胡适家族的祠堂——绩溪上庄村胡氏宗祠在道光二十年（公元1840年）修建完成，二十年后，即咸丰十一年（公元1861年）被太平军破坏。当时，作为一个深受程朱理学教育和熏陶的儒士，胡适的父亲胡铁花决心重修胡氏宗祠，但一直苦于缺少经费而无法进行。后经过胡铁花的多番努力，终于在1865年动工重建祠堂。这次重修工作持续了十一年，光绪二年（公元1876年）告成，重修宗祠"共费制钱一千三百三十万（约合银元一万三千三百元）"。胡适

| 浙江松阳翁氏祠堂 |
邵凤丽 摄

| 卯山叶氏祭祖之三上歌 |
邵凤丽 摄

将这次重修工作称为"伟大的工程"。

徽州的宗祠较为普遍。明嘉靖时期休宁人吴子玉说"徽之宗姓率为此祠宇，谓之宗祠，视比郡为盛也"。他认为徽州人各个姓氏都重视建立祠堂，称为宗祠，是同宗之人的公共祠堂，且数量较其他地方更多。歙县江村江氏宗族一共有祠堂31座，分别是赉成堂、伯固门、悠然堂、笃本堂、千里门、东皋堂、居敬堂、安义堂、明善堂、敦庆堂、德新堂、宝箴堂、滋德堂、荣养堂、茂荆堂、太守昌公祠、烈女祠、节孝祠、乡贤祠、景房公祠堂等，其中赉成堂是大宗祠，其余是支祠、家祠、专祠和墓祠。明嘉靖二十四年始纂的《窦山公家议》中

叶氏宗祠匾额
邵凤丽 摄

祭礼

说"追远报本,莫重于祠"。对于修建祠堂的意义,明代徽州人程一枝指出徽州宗族修建祠堂的意义非常重大,可称之为宗族的头等大事。

墓地

"南北山头多墓田,清明祭扫各纷然。纸灰飞作白蝴蝶,泪血染成红杜鹃。"诗中描写的是清明节到墓地祭祀的情景。古代从何时开始举行墓祭?这个问题历来有不同的看法。东汉蔡邕提出"古不墓祭",他说古代不在陵墓举行祭祖活动,皇帝的上陵之礼是从东汉明帝开始的。后来唐代杜佑、清代顾炎武等人都支持蔡邕的观点。但是清代的阎若璩向蔡邕提出了挑战,他引用了很多经史子集的材料,证明古代有墓祭存在。实际上,上坟扫墓、祭奠先人的墓祭习俗大约在春秋

| 墓祭 |

邵凤丽 摄

战国时期就已经出现。

《孟子·离娄下》中讲述了一个有关墓祭的故事。有一个齐国人，家有一妻一妾。丈夫每次外出回来，一定喝得酩酊大醉，肚子吃得圆鼓鼓的。妻子问他与什么人一起吃喝，他说都是一些有钱有势的人。妻子就对妾说：丈夫外出，总是吃饱喝足才回来。问他同什么人吃喝，说全是些有钱有势的人，但是，却从来没见过什么显贵人物到我们家中做客，我准备下次悄悄地跟着他去看看究竟。

第二天清晨，妻子尾随丈夫出了门，走遍城中，也没见一个人同丈夫打招呼。丈夫最后走到东郊外的墓地，径直来到祭扫坟墓的人群那里，讨了些饭菜。吃不够，又东张西望地跑到别处去乞讨了——这便是他每天吃饱喝足的办法。

妻子回到家里，便把看到的事情告诉了妾，说："丈夫是我们终身依靠的人，现在他竟是这样！"于是二人便在院子里抱头痛

| 墓祭的人群 |
邵凤丽 摄

哭，大声咒骂，但她们的丈夫却什么也不知道……

这个故事很有趣，孟子本意是讽刺那些道貌岸然的伪君子。不过透过这个故事，我们也看到战国时期民间广泛存在墓祭习俗，一个墓地，每天都有好几拨祭祀的人群。

古代的墓祭不仅非常受重视，往往还要全家一起，兴师动众。《汉书·朱买臣传》中记载：朱买臣是吴地人，家庭贫穷，但他酷爱读书。因嗜好读书，对家里的事情不闻不问。久而久之，家里的生活没了着落。朱买臣只得亲自上山砍柴，挑到市集去卖，换到几文钱后，买些粮食带回家。他的妻子对此十分不满，改嫁了。一次，朱买臣担着柴，唱着歌，走在墓间的小路上，恰好碰到前妻与丈夫一家人上坟，前妻见到朱买臣饥寒交迫的样子，十分心酸，特意将墓祭用的饭菜酒食送给了他。

墓祭一方面可以表达后人对祖先的孝敬与关怀，另一方面，在古人的信仰里，祖先的坟墓和子孙后代的兴

| 浙江松阳叶俭公墓 |

邵凤丽 摄

衰福祸有莫大的关系，所以扫墓是不可轻忽的一项祭奠内容。清明扫墓之风在唐代已经非常盛行，唐人诗曰："风光烟火清明日，歌哭悲欢城市间。何事不随东洛水，谁家又葬北邙山。中桥车马长无已，下渡舟航亦不闲。冢墓累累人扰扰，辽东怅望鹤飞还。"祭祀之前首先要"培墓"，因为"暮春三月，江南草长，杂花生树，群莺乱飞"，荒野中冷落了一年的亲人坟茔早已杂草丛生，是时候清理了。于是祭祀前，拔去坟头杂草，并将被风雨冲刷侵蚀的坟头重新培整。之后，摆出各种祭品，按照由长到幼的顺序跪拜磕头，还要读祭文。最后，要给亡人送纸钱。各地送纸钱的方式不同，有烧、挂、压等多种方式。过去由于寒食禁火的影响，纸钱不焚烧，而是挂在墓地边的树上、竹竿上，或用砖石、土块压在坟墓边。

祭礼的时间

二十世纪三十年代，李家瑞写了一本关于老北京民俗的书——《北平风俗类征》，这里面记述老北京人一年当中有多次祭祖活动：新年岁始，祭祖以示缅怀先人以及祈求赐福；清明节则须亲临祖先墓园，整理杂草，摆供祭祀；端午节以粽子、樱桃、桑葚、五毒饼、玫瑰饼祭祖；七月十五的中元节祭祖，有的地方要买纸钱、冥衣焚化于坟前；十月一结伴上坟，"送寒衣"；除夕之夜，一家之主率同一家老小，于祖宗神位前馨香

祭祖
邵凤丽 摄

膜拜，感谢祖先一年来的护佑赐福。

人本于祖，就像木有本、水有源一样，古人重视祭礼，以年为周期，按时举行。那么这些具体日期是如何选择的呢？宋代朱熹提出，祭礼的时间既要重视对传统祭祖时间的遵循，同时也要根据当下民俗生活特点对部分时间进行调整。根据祭祀对象的不同，每年的四时仲月、冬至、立春、季秋、三月上旬，以及忌日举行祭祀仪式。从祭祖时间分布上看，除了忌日之祭具有不确定性外，其他祭礼时间都有较为固定的时间要求。按照时间发展顺序，一年中的祭祀点分别是立春先祖祭、二月时祭、三月墓祭、五月时祭、八月时祭、九月祢祭、冬至始祖祭、十一月时祭，其中春季三次祭祀、夏季一次、秋季两次、冬季两次，共八次祭祀。

四时仲月祭高、曾、祖、祢四世祖先

从先秦的《仪礼》到宋代的《家礼》，都强调四时之祭，为什么春、夏、秋、冬都要祭祖呢？这是因为，随着季节的变化，人们在感受自然界荣枯变化的同时会想到自己家族的历史，因时而感，因时而祭，这是顺应自然的表现。

这里我们发现，宋代的《家礼》和先秦时期的《仪礼》相比，春夏秋冬四季都要举行祭祖仪式，但两者又不完全相同。与《仪礼》中所记载的春祠、夏礿、秋尝、冬蒸的帝王祭礼一样，民间也要在四时祭祖，但是每次都要在仲月举行，不能使用孟月。朱熹说"时祭用仲月"，即每年的二月、五月、八月、十一月举行祭祖仪式。这是因为孟月是帝王祭祖的月份，民间不能僭越，所以

|王氏宗祠| 邵凤丽 摄

|卯山叶氏祭祖| 邵凤丽 摄

就向后推一个月，这样既不违礼法，又合乎人情。

从祭祀对象上看，《家礼》中规定要在四时仲月，对四世祖先进行四次祭祀，称为时祭。高曾祖祢成为时祭对象，这是源于传统社会小宗宗法观念，四世以上服尽，服尽当祧，因而无论是大宗或小宗，每个家族都可以祭祀四世祖先。在将男性祖先作为祭祀对象的同时，相应的女性祖先也是祭祀对象，每次祭祀祖考的同时祭祀祖妣。

冬至祭始祖

《家礼》中要在冬至这一天祭祀始祖，即家族的第一位祖先。这是因为始祖与冬至之间存在内在关联。按照古代阴阳循环理论，"冬至一阳生"，冬至这一天是阴阳转换的关键点，此日阴气达到极点，此后逐渐下沉，而阳气开始萌动、上升，大地开始焕发生机，因而冬至意味着新生，人们就选择在

| 翁氏祠堂捐资名单 |　邵凤丽　摄

| 辽中蒲河祭祖祠 |　邵凤丽　摄

这一天祭祀始祖。始祖是一个家族的创始人，是所有后世族人得以存在的本源，这和冬至乃阳生万物之始相类似。同时，从古礼角度看，早在先秦时期，帝王就有专门祭祀远祖、始祖的禘祭。到了宋代，程颐曾提出庶民应祭始祖，之后，朱熹发展了程颐始祖之祭的思想，"此厥初生民之祖也。冬至一阳之始，故象其类而祭之。"

立春祭先祖

先祖是指始祖以下，高祖以上的所有祖先。始祖作为家族发展的第一人，而后的历代祖先不断地将家族繁衍扩大，这些人都是后世族人祭祀的对象，应集中在立

|叶氏宗祠八仙人物图之一|
邵凤丽 摄

|卯山叶氏祭祖宣读祭文|
邵凤丽 摄

祭礼

|跪拜|

邵凤丽 摄

春的时候进行统一祭祀。先秦帝王对诸先祖进行合祭，称为祫祭。春天万物更新，大自然一派勃勃生机。在这样的季节里，人们触景生情，感念家族的历代祖先，举行祭祀活动。"立春祭先祖"，是"象其类而祭之"。

季秋祭祢

在《家礼》祭礼的时间设定中，秋季有两次祭祀，除了仲月时祭之外，还有季秋祢祭。在四世祖先当中，《家礼》特别强调对父亲的祭祀，《家礼》沿袭了程颐"季秋乃成物之始"的观点，选择季秋作为祢祭的时间点，秋季是万物收获的季节，为了表达对父亲的感念之情，故祭祀他。古代在严格的宗法观念下，《家礼》要求"继祢之宗以上皆得祭，惟支子不祭"，并非所有人都有资格举行祭祢仪式。

51

记住乡愁——留给孩子们的中国民俗文化

三月墓祭

"年欢未尽又清明，雨燕声咽柳失魂。寂静青山人陡涌，冥钱纸烛祭先陵。"（左河水《清明日》）清明祭墓历史悠久。在《家礼》中，虽没有明确规定清明要上墓，朱熹却说三月上旬要到墓地举行墓祭。早在唐代，人们适逢寒食、清明都要到墓地祭扫。柳宗元在《寄许京兆孟容书》中说："田野道路，士女遍满，皂隶佣丐，皆得上父母丘墓；马医夏畦之鬼，无不受子孙追养者。"说明当时扫墓之风十分兴盛。到了宋代，清明墓祭在民间社会广为流行。孟元老在《东京梦华录》中记载清明节时，东京城的达官显贵与普通百姓都要出城上坟。《家礼》设定人们要在三月上旬择日墓祭。但是从具体日期规定上看，《家礼》并未直接将日期设定在清明节，而是给出了一个更大的时间范围，并将清明节包含在内。

忌日之祭

在《家礼》中，和冬至、立春、季秋、时祭相对，还有忌日之祭。《家礼》要求在祖先忌日这一天举行特定的祭祀仪式来纪念祖先。

|清明墓祭|
邵凤丽 摄

祭礼

从祭祖时间上看，《家礼》选择将四季仲月、冬至、立春、季秋、三月上旬及忌日作为祭祖时间。一年四季当中，不同季节都有相应的祭祀仪式。根据祭祀对象的不同而选择不同的时间，祭祀对象和祭祀时间之间存在一一对应关系，具有应时而祭的特点。从整体上看，《家礼》对祭祖时间的设定范围广、考虑周全又重点突出，为后世祭礼的进行提供了基本时间构架。

宋代以后，祭祖的时间主要是依据《家礼》的规定，但也有新的发展。民间有三大"鬼节"之说，即清明节、中元节和寒衣节。"兰陵士女满晴川，郊外纷纷拜古埏。"（郭郧《寒食寄李补阙》）清明祭祖源自寒食

|清明祭祖|
邵凤丽 摄

53

上墓，唐代以后成为祭祖的重要时间点。

"岁至中元祭祖先，皓轮寄泪化冥钱。"作为"三元"之一，中元节也是祭祀亡亲、悼念祖先的日子。

"幽明隔两界，冷暖总凄凄。处处焚火纸，家家送寒衣。"季节转换，在寒冬即将到来的十月，出现了寒衣节，又称"十月朝""祭祖节""冥阴节"，也是传统的祭祀节日，人们在这一天要为已故的亲人送去御寒的衣物。

| 叙伦堂 |
邵凤丽　摄

祭礼犹存，乡愁可系

祭礼

| 祭礼犹存，乡愁可系 |

当代社会，随着经济的快速发展、现代化的迅猛推进，聚族而居的传统大家族生活已然消逝，城镇化的脚步轰隆作响，把乡愁带进了人们生活。在现代语境中，当人们要守护乡愁，获得心灵的回归时，来自生命本体的血缘亲情再次被关注。

近年来，祭礼的复兴已然备受关注。早在2008年，山西洪洞大槐树祭祖被列入第二批国家级非物质文化遗产名录；2011年第三批国

| 神主 |
邵凤丽 摄

|山西沁水柳氏宗祠|

邵凤丽 摄

家级非物质文化遗产名录中祭祖习俗包括山西沁水柳氏清明祭祖、浙江文成"太公祭"、福建宁化石壁客家祭祖习俗、广东揭东灯杆彩凤习俗、深圳福田区下沙祭祖五项；2014年第四批国家级非物质文化遗产名录中祭祖习俗又增加了安徽祁门徽州祠祭、浙江兰溪诸葛后裔祭祖、陕西韩城徐村司马迁祭祀、凉山彝族祭祀四项。

祭礼为当代人寻找乡愁、重温亲情提供了最佳时空。对当代人来说，参加祭礼不仅可以表达内心孝思、追寻家族历史记忆，也可以在现实生活中获得归属感，实现身份认同。岁时祭礼为人们架设起一座情感沟通的桥梁，让人与人之间交流互动，维系亲情。

祭礼

"太公祭"的前世今生

文成"太公祭"于2011年被列入第三批国家级非物质文化遗产名录,是浙江南部刘氏家族与地方民众为纪念先贤刘伯温举行的祭祀典礼。每年大年初一、六月十五日举行春秋二祭,自明迄今,礼仪相沿,传承不息。

据民国时期《刘族大

|三位祭主|
邵凤丽 摄

|刘基故居|
邵凤丽 摄

59

宗祭事须知》记载，祭礼在刘基庙，即诚意伯庙举行。该庙于明英宗天顺二年（公元1458年），奉旨"钦建诚意伯庙"，次年十二月落成。该庙是一座七间三进二回廊合院式木结构古建筑，有头门、仪门和正厅三进，两侧有庑廊，四周是围墙，占地3000多平方米。头门上方正中挂着"钦建诚意伯庙"直式龙凤匾额。正厅上方悬有"万古云霄""间气伟人"等横额，还有章太炎先生题、沙孟海书的"千秋景仰"四字，苍劲有力。正厅中间供奉着一尊三米高、身穿太师服、头戴太师帽的刘基全身坐姿仪像，左右一文一武两尊仪像分别是刘基长子参政公刘琏、次子忠节公刘璟。

| 刘氏祖训族规 |
邵凤丽 摄

明孝宗弘治年间，在庙门外通道上立了一个木牌坊，匾额"翊运元勋"。正德九年（公元1514年），武宗追赠刘基为太师，谥号"文成"，并称颂刘基"学为帝师，才称王佐"。于是，"翊运坊"改为"王佐""帝师"两坊。

刘基庙中有一副蔡元培拜祭刘基时题写的楹联，上联：时势造英雄，帷幄奇谋，功冠有明一代；下联：庙堂馨俎豆，枌榆故里，群瞻遗像千秋。横批：刘文成公，立庙千秋。

"太公祭"自刘基逝世139年后的明正德九年（公元1514年），浙江处州知府钦承圣命，致祭春秋二祭，相沿至今。《刘氏宗谱》记载：洪武九年、正德九年、正德十三年、万历四十五年、康熙二十六年、嘉庆二十五年还举行了公祭活动，二十世纪中期"太公祭"停办了一段时间。1985年文成县举行公祭，2003年、2006年、2008年、2011年，文成县举办了刘基文化暨浙南生态旅游节。

春祭

复兴后的"太公祭"按照民国时期《祭事须知》的规定举行。春祭分别为上祠堂、巡游、祭上七祖、送太公、祭太公五部分。

上祠堂

在文成当地，负责当年祭祀的人称为"祭主"。农历十二月二十九日（小年二十八日），值年祭主要将太公真容、牌位、香銮等物从家中送入刘基庙，俗称上祠堂。

早饭后，三声炮响过，祭主用三牲祭礼举行祭祀。祭主抱谱，坐着轿子，随后是祭主的儿子抱着印和诰轴，孙子抱着剑及金书铁券。在人们的簇拥下，一路吹吹打打，来到刘基庙。将太公真容、牌位、香銮等物一一摆好，再次举行祭祀仪式。上祠堂仪式后，去年的值年祭主就完成了为期一年的侍祀任务。

巡游

当天下午，身穿明式服饰的祭礼队伍抬着太公出门巡游。队伍分两列，依次高举"奉旨祀典牌"和"南田刘府"高灯一对，两面大锣、一对长号，"肃静""回避"牌各二，"开国太师""护军诚意伯""资善大夫""御史中丞""弘文馆学士""太子赞善大夫""开国翊运修

| 上祠堂 |
刘日泽　摄

祭礼

|祭主家人及亲友合影|
刘日泽　摄

"正文臣""太史令"朱漆衔牌八块，佩刀旗牌官八人，擎官衔牌八人，青龙、白虎、朱雀、玄武旗幡，持十八般兵器若干人，提炉宫女二十名，持尚方宝剑、圣旨、护军诚意伯金印各一人，八抬香炉、八抬容亭，中、西乐队（锣、鼓、唢呐、笛等）赞礼生员数十人。最后是三位祭主全家身穿明式礼服、披红绸带，及各地宗亲浩浩荡荡沿街巡游。

按照当地的传统，巡游的路线要按照逆时针方向进行，所到之处，人们纷纷点香、放鞭炮迎接。一路上，人们的欢语声、鞭炮的轰鸣

|巡游队伍|
刘日泽　摄

63

巡游队伍

刘日泽 摄

声不绝于耳,十分热闹。

年三十日祭上七祖

刘氏祭祖除了祭祀刘基外,还有在头一天祭祀刘基的上七代祖先。虽然刘基是刘氏家族的显耀人物,但是祭礼重视血缘亲情,讲求孝道伦理,必须按照血缘地位进行祭祀。

除夕这一天,祭主、赞礼生以及所有的执事人员穿戴齐整,在刘基庙后面的追远祠祭祀刘基的上七代祖先。

所有人分三班跪拜,当年的祭主在中间,去年祭主在左边,前年的祭主在右边。人们在庄严、神圣的祭乐声中向祖先行礼、献祭、跪拜。

送太公

午后,祭主及通赞、礼生、执事人员拿着旗幡、仪仗,按巡行次序,将太公真容、牌位、香銮等物从庙里抬到新祭主家进行奉祀。为了表示自己真诚的态度，新祭主要率全家男女老小、亲朋好友备办香案，手持清香跪地迎接，表示新一轮奉祀工作已经准备好。

初一祭太公

这一天的祭祀，是"太公祭"春祭仪式中最隆重的一环，把整个春祭仪式推向高潮。一大早，附近的人们开始络绎不绝地前往刘基庙

| 跪拜 |
邵凤丽　摄

| 刘基庙 |
邵凤丽　摄

记住乡愁——留给孩子们的中国民俗文化

|太公轿|
　　刘日泽　摄

进香祭拜。

祭礼开始前，乐队高奏，通赞、引赞、礼生在大门口列队迎接新祭主入庙。

|祭祀|
　　刘日泽　摄

祭典开始：新祭主、后裔宗亲列队向刘基仪像行三鞠躬礼后，按族规，行痊毛血、盥洗、参神礼、降神礼、读祝、初献、亚献、三献、侑食、受胙、辞神等古礼。

秋祭

"太公祭"的秋祭时间安排在农历六月十五，刘基诞辰日。一方面符合古礼传统，在祖先的生辰举行祭礼，另一方面从时间上看，春祭在春节期间进行，更加适合居住在本地的刘氏族人参与，秋祭放在六月十五，可以方便外地的刘氏族人回乡祭祖，也为其他外姓人祭祀刘基提供便利。

秋祭活动的核心是迎神、降神、进馔、酌献、侑食、受胙、辞神、馂食等程序。

在文成当地，每年的春

祭祀
刘日泽 摄

秋二祭都极为隆重，数千人齐聚南田，彩旗招展，锣鼓喧天，车水马龙，热闹非凡，"太公祭"已然成为当地一年一度的盛事活动。

亲情、孝道与乡愁

祭礼创造了一种特殊的体验时空，它隔离了日常生活的松散和庸碌，让我们在祖先面前寻回本心，接受亲情的抚慰。在仪式性的时空内，人们可以感受、体验超越日常的存在。祭礼是一种实践行为，需要人们通过跪拜、进献的行动给予展现。祭礼中不断重复的跪拜、进献不是空洞没有意义的外壳，它需要参祭者的感受与体验去填充、丰富。

感悟亲情

情感是礼仪的灵魂，没有任何情感支撑的礼仪都是麻木且没有生命力的。作为祭祀具有血缘关系祖先的祭礼也是一样，浓浓的亲情充斥着整个祭祀仪式。作为祭祀对象的祖先是已故的亲人，他们曾经和子孙们朝夕相处，是值得尊敬和爱戴的长辈。现在他们虽已离开，却不能割断后人对他们的思念和缅怀。在特殊的节日时间里，人们在亲情的召唤下聚集在一起，通过举行隆重的仪式祭祀祖先。人们相信祭礼可以表达内心情感，而这种坚信又会强化祭祖仪式的作用。人们通过虔诚的供奉、祭拜等行为方式，把隐藏在内心的无限亲情给予宣泄和表达，祭祀仪式为人们内心亲情的表达提供了适宜的契机，成为内心情感的承载和展现形式。

传承孝道

作为祭礼的核心思想，孝道是优良家风的重要组成。

每逢春节、清明、中元，人们都要按时去祭祖，一方面出自内心强烈的亲情感，为了表达感恩之情，同时也受到孝道伦理的约束。无论是传统社会还是现代社会，对于祖先的祭祀活动都是彰显孝道的重要方式。

孝道思想根植于传统农业宗法社会土壤，是伦理道德的重要构成部分，也是作为中国人的重要文化标识。

人们通过定期的祭祀仪式来表达自己对祖先的孝，对血缘伦理的认同和坚守。在祭祀仪式中，子孙们要进行多次虔诚的跪拜、进献，这样的身体行为就是传统孝道思想的直接体现。

守护乡愁

无论对于古人，还是生活在互联网时代的我们，家族都是一个充满生机的文化衍生体，家族的发展不仅仅是一个个生命延续的历史，更是传统文化积淀与传承的历史。当下人珍惜并重视保存对祖先文化的历史追忆，因为这是一段带着温度的记忆，是一份永恒且意义重大的历史文化遗产。有了祭礼，有了祖先，我们才能找到自己的根，自己的家，自己的乡愁。在科技快进、机械轰鸣的时代，惟愿祭礼岁月长存，以保证家族发展之史得以延续，民族文化之根得以强固，现代乡愁之情得以守护。

作为最盛大的家族集体

活动，祭礼是重温亲情、传承孝道、守护乡愁的最佳方式之一。祭礼的举行是对家族历史的肯定和推崇，高高在上的祖先是家族历史的最好证明。无论是聚集在祖先墓碑前，还是跪拜在神主、家谱前，祭礼都要通过最直观的方式将家族历史、优良家风家训具象地呈现在后人面前，要人们能够亲身感受到历史的存在，并将自己和历史联系起来，担负起延续家族历史的责任和使命。

图书在版编目（CIP）数据

祭礼 / 邵凤丽著；萧放本辑主编. -- 哈尔滨：黑龙江少年儿童出版社，2020.9（2021.8重印）
（记住乡愁：留给孩子们的中国民俗文化 / 刘魁立主编. 第七辑，民间礼俗辑）
ISBN 978-7-5319-6543-5

Ⅰ. ①祭… Ⅱ. ①邵… ②萧… Ⅲ. ①祭礼-中国-青少年读物 Ⅳ. ①K892.98-49

中国版本图书馆CIP数据核字(2020)第160411号

记住乡愁——留给孩子们的中国民俗文化　　　　刘魁立◎主编
第七辑　民间礼俗辑　　　　　　　　　　　　　萧　放◎本辑主编
祭礼　川　　　　　　　　　　　　　　　　　　邵凤丽◎著

出 版 人：	商　亮
项目策划：	张立新　刘伟波
项目统筹：	华　汉
责任编辑：	郜　琦　宁洪洪
整体设计：	文思天纵
责任印制：	李　妍　王　刚
出版发行：	黑龙江少年儿童出版社
	（黑龙江省哈尔滨市南岗区宣庆小区8号楼 150090）
网　　址：	www.lsbook.com.cn
经　　销：	全国新华书店
印　　装：	北京一鑫印务有限责任公司
开　　本：	787 mm×1092 mm　1/16
印　　张：	5
字　　数：	50千
书　　号：	ISBN 978-7-5319-6543-5
版　　次：	2020年9月第1版
印　　次：	2021年8月第2次印刷
定　　价：	35.00元